BEI GRIN MACHT SICH IHR WISSEN BEZAHLT

- Wir veröffentlichen Ihre Hausarbeit, Bachelor- und Masterarbeit

- Ihr eigenes eBook und Buch - weltweit in allen wichtigen Shops

- Verdienen Sie an jedem Verkauf

Jetzt bei www.GRIN.com hochladen und kostenlos publizieren

Der Begriff der Sprache in der Philosophie Johann Gottfried Herders

Clemens Kammeier

Bibliografische Information der Deutschen Nationalbibliothek:

Die Deutsche Nationalbibliothek verzeichnet diese Publikation in der Deutschen Nationalbibliografie; detaillierte bibliografische Daten sind im Internet über http://dnb.d-nb.de abrufbar.

ISBN: 9783389087190
Dieses Buch ist auch als E-Book erhältlich.

© GRIN Publishing GmbH
Trappentreustraße 1
80339 München

Alle Rechte vorbehalten

Druck und Bindung: Books on Demand GmbH, Norderstedt Germany
Gedruckt auf säurefreiem Papier aus verantwortungsvollen Quellen

Das vorliegende Werk wurde sorgfältig erarbeitet. Dennoch übernehmen Autoren und Verlag für die Richtigkeit von Angaben, Hinweisen, Links und Ratschlägen sowie eventuelle Druckfehler keine Haftung.

Das Buch bei GRIN: https://www.grin.com/document/1518060

Hochschule Fresenius

Fachbereich Wirtschaft & Medien

Studiengang: Gamedesign & Management

Studienort: Wiesbaden

Hausarbeit

Der Begriff der Sprache in der Philosophie Johann Gottfried Herders

Clemens Kammeier

3. Fachsemester

Fächer: Design-, Kunst- und Kommunikationsgeschichte; Philosophie und Ethik

Abgabedatum: 06.02.2023

I. Inhaltsverzeichnis

1. Einleitung..3

2. Philosophische Einflüsse auf Herder in der Aufklärung........................4

2.1 Herder in der Epoche der Aufklärung..4

2.2 Herders Sprachverständnis im Vergleich zu Condillac und Süßmilch......5

2.3 Herder und Kant über den Sprachbegriff...6

3. Grundzüge der Philosophie Herders..7

3.1 Herders Geschichtsphilosophie...7

3.2 Herders Anthropologie...8

4. Herders Sprachphilosophie...9

5. Die Wichtigkeit Herders Begriff der Sprache...................................10

6. Fazit..12

II. Literaturverzeichnis..13

1. Einleitung

Der Fokus dieser Arbeit liegt auf dem Begriff der Sprache und welche Bedeutung er durch Johann Gottfried Herder in seiner Philosophie verliehen bekommt. Hierfür ist es zunächst notwendig, Herders Philosophie vor dem historischen Kontext der Aufklärung sowie im Austausch mit der zeitgenössischen Philosophie zu betrachten. Dabei handelt es sich nicht um lineare Einflüsse, die sich exakt rekonstruieren lassen, sondern vielmehr um grobe Parallelen.

Darauffolgend kann Herders Philosophie erfasst und anschließend der Zusammenhang mit seinem Begriff der Sprache und deren Bedeutung für seine Philosophie hergestellt werden. Als Forschungsfrage soll dienen, ob der Begriff der Sprache für die philosophische Bedeutung Herders eine zentrale Rolle spielt. Welche Kriterien für eine philosophische Bedeutung ausschlaggebend sind, soll ergebnisoffen gehandhabt werden. Ob eine philosophische Bedeutung sich in der Philosophie Herders selbst oder in der Philosophie allgemein zur heutigen oder damaligen Zeit ergibt, soll gegeneinander abgewogen werden.

Herders philosophische Schriften und Arbeiten umfassen viele verschiedene Werke. Wenn in dieser Arbeit deswegen von Herders Philosophie die Rede ist, so wird sich nicht auf ein allumfassendes Werk seiner Philosophie bezogen. Vielmehr werden nur die wichtigen Themen für Herders philosophische Bedeutung abgehandelt, ohne dabei in die Tiefe zu dringen.

Die Relevanz für die Frage (nach der Bedeutung der Sprache in Herders Philosophie) ist durch den Einfluss gegeben, den Herders Philosophie einerseits noch auf die heutige Zeit ausübt. Andererseits übte Herder ebenfalls einen nachhaltigen Einfluss auf Zeitgenossen wie z.B. Goethe in seinem Verständnis der Sprache aus.[1]

Johann Gottfried Herder hatte einen bedeutenden Einfluss auf die Philosophie der Aufklärung und stand im persönlichen Kontakt mit einigen der anderen herausragenden deutschen Philosophen. Neben Goethe, Schiller und Wieland zählt auch Herder zu dem „Vierergestirn der Weimarer Klassik". Herders Einflüsse reichen

---

[1] Vgl. Linder [2019], o.S.

bis in das 20. Jahrhundert hinein[2] und sprechen für die Relevanz seines Denkens im Allgemeinen.

Aus einem pietistischen Haushalt in Ostpreußen stammend war Herder durch seinen Vater, einen evangelisch-lutherischen Küster, vorgeprägt. Über das Theologiestudium in Königsberg ergaben sich Kontakte zu Johann Georg Hamann und Immanuel Kant.

2. Philosophische Einflüsse auf Herder in der Aufklärung

2.1 Herder in der Epoche der Aufklärung

In der Epoche der Aufklärung hatte der Begriff der Vernunft eine zentrale Stellung mit universaler Geltung inne. Parallelen zwischen der aufklärerischen Betonung der Vernunft und Herder liegen in seiner Sprachtheorie vor, die an späterer Stelle genauer betrachtet wird. Herder stellt einen grundsätzlichen Zusammenhang zwischen dem vernunftbegabten Menschen und der ihm eigenen Sprache her.[3]

In der organisch-anthropologischen Betrachtungsweise der Sprache, welche von Johann Georg Hamann ausging, nimmt Herder eine bedeutsame Stellung ein.[4]
Bei diesen Betrachtungen steht die Sprache in direktem Bezug zum Volksbegriff, der bereits in der Aufklärung neu aufgefasst wurde[5] und für Herder von äußerster Wichtigkeit für die Bedeutung der Sprache ist.

---

[2] Vgl. Kremp [2003], o.S.

[3] Vgl. Schmidt [1968], S. 37.

[4] Vgl. ebd.

[5] Vgl. Jansen/Borggräfe [2020], S. 38 f.

Mit seiner Kritik an Formen des Objektivismus in der Aufklärung leistete Herder einen wichtigen Beitrag für eine subjektivere Wahrnehmung, nicht zuletzt auch in Bezug auf den Menschen selbst. Herder ist außerdem derjenige Philosoph, der überhaupterst einem Begriff von „sinnlicher Erfahrung" den Weg in den deutschsprachigen Raum ebnete. Dem zu seiner Zeit vorherrschende Rationalismus, geprägt durch Leibniz und Kant, begegneten sensualistische Strömungen aus Frankreich und England, welche durch Herder auch in Deutschland Einzug erhalten konnten.[6]

2.2 Herders Sprachverständnis im Vergleich zu Condillac und Süßmilch

Neben Parallelen zu anderen Philosophen über das Verständnis der Sprache, existiert gleichermaßen einen Dissens mit Zeitgenossen Herders wie Johann Peter Süßmilch und Étienne Bonnot de Condillac über die die Frage des Ursprungs der Sprache. Im Rahmen eines Wettbewerbs der Berliner Akademie der Wissenschaften, die nach dem Ursprung der menschlichen Sprache suchte, hatte Herder seine „Abhandlung über den Ursprung der Sprache" eingereicht, die den ersten Platz gewann.

Condillac zufolge entstand Sprache durch die Entwicklung ursprünglich noch tierähnlicher Laute, die der Mensch sukzessiv zur Sprache weiterentwickelte. Der Mensch in seinem Urzustand lebte demnach ohne die Möglichkeit, seine Gedanken über die Sprache reflektieren zu können und als Folge dessen ohne Vernunft. Kritikpunkt Herders ist an dieser Theorie, die Jean-Jaques Rousseau in ähnlicher Weise vertrat, dass sie Mensch und Tier auf eine Stufe setzt.

Durch die Aufklärung wurden in Europa alte Glaubenssätze in Frage gestellt und Religionskritik konnte sich im Rahmen der Säkularisierung verbreiten. Für Herder ist die Sprache rein menschlichen Ursprungs. Zeitgenössische Gelehrte wie Johann Peter Süßmilch vertraten jedoch die These eines göttlichen Ursprungs der Sprache.

Süßmilch führt die logische Vollkommenheit der Sprache auf einen göttlichen Ursprung zurück, begründet seine Theorie allerdings nicht mit der Bibel, sondern weltlichen Argumenten. Im starken Gegensatz zu Süßmilch setzt Herder den menschlichen Ursprung der Sprache voraus. Ferner kritisiert Herder an Süßmilch, in seiner Erklärung

---

[6] Vgl. Lohwasser [2016], S. 59 f.

auf eine Art göttliche Physik zurückzugreifen. Der Rückschluss, Herder exkludiere hiermit Gott aus seiner Weltsicht, ist unzutreffend. Vielmehr besteht für Herder ein göttlicher Ursprung in dem Handeln der Menschen, nicht in dem unmittelbaren Ursprung der Sprache.[7]

„Als Gott den Menschen den Adel gab, in die Natur der Dinge, in den Plan der Schöpfung einzusehen… [so war dies] sein Geschenk in den Kräften, die er dem menschlichen Geist gab! da machte er ihn zum Gotte der Schöpfung."[8]

Die Grundhaltung Herders, Sprache sei rein menschlichen Ursprungs, missfällt neben Süßmilch auch Hamann, der ebenfalls eine direkte Ursache für die Herkunft der Sprache in Gott sieht.[9]

2.3 Herder und Kant über den Sprachbegriff

Im Austausch mit Kant war Herder bemüht, dessen Zuschreibung einer transzendentalen Bedeutung von Sprache ebenfalls zu erfassen.[10]

Ein Zitat Kants, das auch auf Süßmilchs Begründung bezogen werden kann, dass die Sprache ihrer Vollkommenheit wegen von Gott stammen muss, lautet: „Wenn man also für die Naturwissenschaft und in ihren Kontext den Begriff von Gott hereinbringt, um sich die Zweckmäßigkeit in der Natur erklärlich zu machen, und hernach diese Zweckmäßigkeit wiederum braucht, um zu beweisen, dass ein Gott sei: so ist in keiner von beiden Wissenschaften innerer Bestand."[11]

Kant weist darauf hin, dass es ein Zirkelschluss ist, die Zweckmäßigkeit der Natur auf Gott zurückzuführen und dieselbe Zweckmäßigkeit dann für einen Gottesbeweis anzuführen. Die Zweckmäßigkeit (weltlicher Dinge, wie der Sprache) auf einen Gott zurückzuführen ist in diesem Vergleich folglich als unwissenschaftlich dargestellt.

Neben Übereinstimmungen zwischen Kant und Herder kritisiert Herder Kant in

---

[7] Vgl. Gesche [1993], S. 10 ff.

[8] Herder [1846], S.540, zitiert nach Gesche [1993], S. 16.

[9] Vgl. Gesche [1993], S. 17.

[10] Vgl. Schmidt [1968], S. 36.

[11] Kant [o.J.], S. 257.

anderen Punkten scharf, die die Objektivität der Sprache angreifen, wie Kant sie für gegeben erachtet. Sprache kann nach Herder nicht a priori ausgefasst werden, wogegen Kant Begriffe a priori als Grundlage für eine objektive Erfahrung, auch der Sprache, voraussetzt.[12] Die Subjektivität in der Wahrnehmung von Sprache soll jedoch an späterer Stelle Erwähnung finden.

3.Grundzüge der Philosophie Herders

3.1 Herders Geschichtsphilosophie

Die Geschichte steht bei Herder im Zentrum seines Philosophierens. Sogar Hegels Bild der Geschichte baut auf dem Herders auf. Hegel projiziert eine Art überzeitlichen Sinn in die zeitlich fortlaufende Geschichte, welche er als eine Einheit betrachtet. Logischerweise lässt sich ein solches Konstrukt durch Hegel empirisch nicht nachweisen. Dagegen stützt Hegel seine Vorstellung der Geschichte auf das individuelle Bewusstsein und dessen Gegenwart. Hegel spricht von der Geschichte in der Singularform, da der Begriff bei ihm nicht relativ, als die Summe aller Geschichten oder Geschichtsepochen betrachtet wird, sondern er ihn als besagte Einheit wahrnimmt.

Die Geschichtsphilosophie Hegels ist aus heutiger Sicht hilfreich, um Herders Geschichtsbild besser nachzuvollziehen. Herders Sichtweise auf die Geschichte gilt zudem als Vorläufer der Hegelschen Geschichtsphilosophie.

Newton als ein Vorbild Herders unterwarf in den Naturwissenschaften ebenfalls die Natur grundlegenden Gesetzen, die sich jedoch empirisch überprüfen ließen. Das „geschichtlich existierenden Sein"[13], also sozusagen die besagte Einheit der Geschichte, unterliegt im Gegensatz zu den Naturgesetzen keinen allgemeinen Gesetzen und hat zudem keine allgemeine Gültigkeit.

---

[12] Vgl. Simon [1986], S. 3f.

[13] Vgl. Simon [1986], S. 3f.

Die Parallelen Herders zu Hegel sind ein Faktor, der die Relevanz von Herders Philosophie im Allgemeinen auch für die heutige Zeit noch steigert, da sie für die Fruchtbarkeit seines Denkens sprechen.

3.2 Herders Anthropologie

Bedeutender Grundstein bei Herder war seine Anthropologie, die innerhalb der Aufklärung eine oppositionelle Stellung bezog. Die Errungenschaft der Aufklärung, auf Naturgegenstände die Methodologie des Erkennens anzuwenden, nunmehr auch auf den Menschen zu übertragen und der Wissenschaft zu unterwerfen, wurde durch Herder kritisiert. Herder schreibt dem Menschen eine dynamischere Art und Weise zu, sich auszudrücken und sich selbst in der Geschichte wahrzunehmen. Der Mensch trägt demnach selbst durch sein Werden (in der Geschichte) zu dem Selbstverständnis bei, wer oder was überhaupt der Mensch ist. Diese Sichtweise widersprach dem derzeit vorherrschenden Naturalismus in der Aufklärung grundsätzlich.

Auf Herders Anthropologie aufbauend gründete er seine Kunst- und Sprachtheorie. Herders Theorien der Sprache nehmen eine elementare Stellung innerhalb der Sprachphilosophie ein und sind in diesem Rahmen bedeutsame Grundlage, die für eine Trendwende in der Sprachphilosophie seit der Aufklärung stehen.[14]

Eng mit Herders Anthropologie verbunden ist seine Bildungstheorie. Diese soll allerdings an dieser Stelle nur der Vollständigkeit halber genannt werden, zumal sie sich für die moderne Idee von Bildung nach Humboldt als nicht unbeachtlich erwiesen hat.[15]

---

[14] Vgl. Taylor [2016], S. 13 f.

[15] Vgl. Lohwasser [2016], S. 59.

4. Herders Sprachphilosophie

Die Sprache unterscheidet nach Herder den Menschen von den Tieren, welche zwar Gleichwohl Laute von sich geben könnten, allerdings geschieht dies unartikuliert und nicht notwendig mit der Intention, etwas mitzuteilen. Sprache ergibt sich erst im Zusammenhang mit der Vernunft, ohne die Laute meist bloße Ausdrücke von Gefühlszuständen sind.[16]

In seiner Metakritik (gegenüber Kant) sagt Herder aus, dass jeder Mensch notwendigerweise in seiner ihm eigenen Sprache denken muss.
Herder begründet diese besondere Stellung der Sprache damit, dass die Wahrnehmung von Sprache laut Herder keinen objektiven Charakter haben kann, da die Sprache ein „Spiegel des menschlichen Verstandes"[17] verkörpert.
Herder will damit aussagen, dass der Verstand nicht über die Begriffe hinaus reichen kann, derer er sich aus der Sprache bedienen muss.

Demnach deuten Mängel in der Vernunft auch auf mangelhafte Begriffe in der Sprache hin. Über die Wortherkunft von Begriffen lässt sich so Rückschluss darüber gewinnen, in welchem Zusammenhang Begriffe entstanden sind und welche Bedeutung sie haben. Als Konsequenz daraus kommt für Herder der Metaphysik die Rolle einer „Philosophie der menschlichen Sprache" zu.[18]

Die Konsequenz der Abhängigkeit von Sprache im Denken ist, dass Gedachtes gar nicht objektiv (im Kantischen Sinne) sein kann. Die Geschichte rückt dadurch in ein enges Verhältnis zur Sprache, da es bei Begriffen für ihre Bedeutung immer relevant ist, in welcher Zeit diese entstanden sind.[19]

In welchem Verhältnis Menschen zur Sprache stehen, kommt durch eine rhetorische Frage Herders zum Vorschein: „Ein Autor, der sein Buch darstellt, gibt, wenn dies Gedanken enthält, die er, wo nicht erfand (denn wie wenig lässt sich in unserer Zeit eigentlich Neues erfinden?), so doch wenigstens fand und sich eigen machte, ja, in

---

[16] Vgl. Schmidt [1968], S. 37.

[17] Vgl. Simon [1986], S. 5f.

[18] Vgl. ebd.

[19] Vgl. ebd.

denen er jahrelang wie im Eigentum seines Geistes und Herzens lebte: ein Autor dieser Art, sage ich, gibt mit seinem Buch, es möge dies schlecht oder gut sein, gewissermaßen einen Teil seiner Seele dem Publikum preis."[20]

Gedanken können durch ihre Abhängigkeit von Begriffen nur selten neu „erfunden" werden, zumal Begriffe bereits als Grundlage existieren müssen. Die Sprache als „Spiegel des menschlichen Verstandes" stellt somit kein exaktes Gegenbild aller existierenden Begriffe dar, sondern verkörpert vielmehr ein individuelles Bewusstsein von Begrifflichkeiten, welches sich im Angesicht der Zeit wandelt. Die „Seele des Autors" verdeutlicht in diesem Zitat das hohe Maß an Individualität und Subjektivität, die der Autor dem Publikum preisgibt.[21]

5. Die Wichtigkeit Herders Begriff der Sprache

Publizistisch gesehen widmet sich dem Begriff der Sprache nur ein kleiner Teil der Werke Herders. Die „Abhandlungen über den Ursprung der Sprache" sind wohl das bekannteste Werk Herders, welches sich mit dem Ursprung der Sprache auseinandersetzt.[22] Die „Ideen zur Philosophie der Geschichte der Menschheit" und „Kritische Wälder" sind ebenfalls bekannte Werke Herders.

Der publizistische Anteil eines Begriffs ist jedoch eine Äußerlichkeit und erlaubt nicht zwingend den Rückschluss darauf, welchen inhaltlichen Stellenwert der Begriff der Sprache in der Philosophie Herders einnimmt.

Um auf die Forschungsfrage zurückzukommen, bietet sich die Möglichkeit an, die Relevanz des Begriffs der Sprache 1. auf Herders Philosophie zu seiner Zeit oder auf die heutige Zeit zu beziehen. 2. Kann eine Relevanz des Sprachbegriffs innerhalb der Philosophie Herders oder für die Philosophie allgemein festgestellt werden.

---

[20] Herder [o.J.], S. 8.

[21] Vgl. Simon [1986], S. 7f.

[22] Vgl. Herder [o.J.], S. 1.

Vor dem Hintergrund der Aufklärung erscheint die Rolle der Sprache in einem noch bedeutungsvolleren Licht, zumal mit dem Humanismus der Mensch und alles, das menschliche Dasein Betreffende, in der Philosophie in den Vordergrund rückte. Herders Sprachphilosophie ist häufiger Streitpunkt innerhalb der Aufklärung und insofern bedeutend für Herders gesamte philosophische Weltsicht, als dass er durch sie gegen andere Philosophen besser abzugrenzen ist, was das Verständnis seiner Philosophie erleichtert.

All dies spricht dafür, Herders Sprachbegriff zu seinen Lebzeiten eine allgemeine Relevanz innerhalb der Philosophie der Aufklärung zuzuschreiben.
Durch die erleichterte Abgrenzbarkeit ergibt sich zudem eine Bedeutung des Sprachbegriffs für seine Philosophie, zumal er dadurch von anderen Philosophen abgehoben wird.

Für Herder kommt der Sprache insoweit eine entscheidende Rolle zu, als dass die Metaphysik für Herder „Philosophie der menschlichen Sprache" ist.
Allerdings ist fraglich, ob die enge Verbundenheit der Sprache mit dem Seinsbegriff bei Herder für eine Relevanz innerhalb seiner Philosophie spricht.
Auch bei Kant findet die Frage, welche Bedeutung der Metaphysik zukommt, nur einen geringen Anteil.[23]

Es ist nicht ausgeschlossen, dass der Metaphysik damals keine allzu große Bedeutung zugestanden worden war, wie es in der neueren Philosophie maßgeblich durch Martin Heidegger der Fall war. Für Heidegger lautet die Frage nach dem Sein: „Warum ist überhaupt Seiendes und nicht vielmehr nichts?" Das Fragen nach dem Sein ist für Heidegger die wichtigste und tiefste aller Fragen.[24]
Zudem spielt die Sprache in der Philosophie Heideggers eine entscheidende Rolle.

Parallelen zwischen Herder und Heidegger lassen sich folglich erahnen, sind aber schwer festzustellen, weil beide Charaktere aus weit auseinanderliegenden Epochen stammen.
Direktere Einflüsse lassen sich hingegen von Herder auf Hegel ermitteln. Allerdings beziehen sich diese Verbindungen im Wesentlichen auf Herders

---

[23] Vgl. Simon [1986], S. 5.

[24] Heidegger [o.J.], S. 21 ff.

Geschichtsphilosophie. Im Anbetracht dessen ist Herders Sprachphilosophie zumindest von geringerer Bedeutung für seine Nachwelt als seine Geschichtsphilosophie, sofern man allein die Parallelen zu Hegel betrachtet. Im Allgemeinen ist jedoch Herders Sprachphilosophie auch heute noch zentraler Gegenstand der Fachliteratur.[25]

6. Fazit

Festzuhalten bleibt, dass Herder ein breites Spektrum politischer, theologischer, künstlerischer, philologischer, kulturwissenschaftlicher, anthropologischer und vor allem geschichtlicher Felder mit seiner Philosophie bedient. Dem Feld der Sprache ist neben vielen anderen dieser Bereiche eine besondere Stellung einzuräumen. Betrachtet man Auseinandersetzungen Herders mit zeitgenössischen Philosophen, so ist die Sprache häufiger Streitpunkt und insofern von Bedeutung, um Herders Philosophie gegenüber anderen Philosophen hervorzuheben. Zentrales Wesensmerkmal Herders Philosophie ist die Kritik an Objektivierungen, was sich gleichermaßen in seinem Verständnis von Sprache bemerkbar macht.

Die Aufgabe, einen einzigen Teilaspekt Herders philosophischen Wirkens auf seine Relevanz innerhalb seiner Philosophie zu überprüfen, wird dadurch erschwert, dass viele Zusammenhänge eine geschlossene Einheit in der Philosophie Herders bilden.

Herders Rolle in der Aufklärung wird häufig mit dem Neuhumanismus assoziiert. Für einen anthropologische Blickwinkel auf den Menschen war es für Herder unablässig, im Wesentlichen die Sprache zu berücksichtigen.[26]
Diese kann schließlich als ein zentraler Begriff für seine Philosophie gelten.

Je nach Betrachtungswinkel kann dem Begriff der Sprache aus einer modernen Sicht bei Herder eine geringere Bedeutung eingeräumt werden oder vor dem Hintergrund der Aufklärung eine größere.
Bewertungsmaßstäbe lassen sich aber nur schwer auf vergangene Epochen übertragen, zumal Herder die Philosophie vorangetrieben hat und vielleicht Grundsteine gelegt hat, auf denen spätere Philosophen wie z.B. Hegel bauen konnten.

---

[25] Vgl. Lohwasser [2016], S. 59.

[26] Vgl. ebd.

II. Literaturverzeichnis

Gesche, A. [1993]
Johann Gottfried Herder: Sprache und die Natur des Menschen, Würzburg 1993.

Heidegger, M. [o.J.]
Was ist Metaphysik?, 5. Aufl., Frankfurt am Main o.J.

Herder, J. G. [o.J.]
Ideen zur Philosophie der Geschichte der Menschheit, Berlin 2017.

Herder, J. G. [o.J.]
Abhandlung über den Ursprung der Sprache, in: Gaier, U. (Hrsg.): Frühe Schriften 1764-1772, Frankfurt am Main 1985, S.695–810, S.722–725.

Kant, I. [o.J.]
Kritik der Urteilskraft, Hamburg 2012.

Kremp, H. [2003]
Welt. Im Namen des Volkes. verfügbar unter: https://www.welt.de/print-welt/article280763/Im-Namen-des-Volkes.html (05.02.2023).

Linder, C. [2019]
Deutschlandfunk. Johann Gottfried Herder. Wunderkind, Forscher und Philosoph. Verfügbar unter: https://www.deutschlandfunk.de/johann-gottfried-herder-wunderkind-forscher-und-philosoph-100.html (05.02.2023).

Lohwasser, D. [2016]
Ästhetische Bildung als Ästhesiologie. Sprache, Kultur, Sinne und Ästhetik als Modi einer ganzheitlichen Erfahrung bei Johann Gottfried Herder, in: Lohwasser, D./ Zirfas, J./ Klepacki, L. / Höhne, T./ Burghardt, D. (Hrsg.): Geschichte der ästhetischen Bildung, Paderborn 2016, S. 59 f.

Schmidt, S. J. [1968]
Sprache und Denken als Sprachphilosophisches Problem von Locke bis
Wittgenstein, Den Haag 1968.

Simon, J. [1986]
Herder und Kant. Sprache und „historischer Sinn", in: Sauder, G. (Hrsg.):
Johann Gottfried Herder 1744-1803. Studien zum achtzehnten Jahrhundert,
Saarbrücken 1986, S. 3-13.

Taylor, C. [2016]
Zur philosophischen Bedeutung Johann Gottfried Herders, in: Heinz,
M./Clairmont, H./Greif, S. (Hrsg.): Herder Handbuch, Paderborn 2016, S. 13 f.

BEI GRIN MACHT SICH IHR WISSEN BEZAHLT

- Wir veröffentlichen Ihre Hausarbeit, Bachelor- und Masterarbeit
- Ihr eigenes eBook und Buch - weltweit in allen wichtigen Shops
- Verdienen Sie an jedem Verkauf

Jetzt bei www.GRIN.com hochladen und kostenlos publizieren